Inhalt

Chemiegeschäfte im ersten Halbjahr 2008 - Konjunkturflaute und große Branchendeals

Kernthesen

Beitrag

Fallbeispiele

Zahlen und Fakten

Weiterführende Literatur

Impressum

# Chemiegeschäfte im ersten Halbjahr 2008 - Konjunkturflaute und große Branchendeals

Autor GENIOS BranchenWissen: A.Schneider

Kernthesen

- Der Branchenverband der Chemieindustrie geht von einer deutlichen Abschwächung der deutschen Chemiekonjunktur aus. Er kalkuliert für das Gesamtjahr vorsichtig mit einem Produktionsanstieg von 2,5 Prozent und einem Umsatzwachstum von 5,5 Prozent.
- Auch der deutsche Weltmarktführer BASF rechnet für das zweite Halbjahr 2008 mit einem schwierigeren Geschäftsverlauf, während für das erste Halbjahr noch

glänzende Zahlen ausgewiesen wurden. Trotz der konjunkturellen Bremsspuren kündigte der Konzern die Übernahme des angeschlagenen Schweizer Spezialchemieanbieters Ciba an.
- Bayer zeigte sich zufrieden mit dem Geschäftsverlauf der ersten sechs Monate. Merck KGaA verzeichnet zwar einen Margenrückgang im hochprofitablen Geschäft mit Flüssigkristallen, bleibt jedoch für das Gesamtjahr bei seinen optimistischen Umsatz- und Gewinnprognosen. Linde hat mit seinen Halbjahreszahlen die Umsatz- und Gewinnerwartungen übertroffen.

Beitrag

Die Chemiekonjunktur in der ersten Hälfte des Jahres ließ spürbar nach. An der Branchenspitze nimmt das Übernahmekarussell an Fahrt auf: Chemie-Flaggschiff BASF übernimmt die Schweizer Ciba, der Branchenzweite Dow Chemical setzt auf das Spezialitätengeschäft von Rohm & Haas.

Abschwächung der

Chemiekonjunktur für das zweite Halbjahr erwartet

Die Halbjahresbilanz der Chemieindustrie fällt in diesem Jahr deutlich bescheidener aus als im vergangenen. Deutschlands viertgrößte Branche wächst zwar weiterhin, doch das Tempo ließ im zweiten Quartal deutlich nach. Bremsend wirkten die Finanzmarktkrise in den USA, die nachlassende Dynamik der europäischen Industriekonjunktur, die kräftig gestiegenen Rohstoff- und Energiekosten und der starke Euro.

Wie der Verband der Chemischen Industrie (VCI) berichtete, stieg die Chemieproduktion im ersten Halbjahr 2008 um 3,0 Prozent. Zum Vorjahreszeitraum habe sich die Wachstumsrate damit exakt halbiert. In den kommenden Monaten sei mit einer weiteren Abschwächung der Chemiekonjunktur zu rechnen, von einem Einbruch könne aber nicht die Rede sein. Für das Gesamtjahr 2008 geht der VCI von einem Produktionsanstieg von 2,5 Prozent aus. Der Umsatz der Branche dürfte um 5,5 Prozent zulegen. (1)

Der **Umsatz** der deutschen Chemieunternehmen stieg im ersten Halbjahr 2008 gegenüber dem Vorjahr um 5,5 Prozent auf 88,9 Milliarden Euro. Das Geschäft mit Kunden im Ausland verbesserte sich um 6,0 Prozent auf 50,2 Milliarden Euro. Der Inlandsumsatz stieg um 5,0 Prozent auf 38,7 Milliarden Euro.Die **Produktion** legte um 3 Prozent zu. Die **Erzeugerpreise** lagen aufgrund kräftig anziehender Preise für Öl und Gas im ersten Halbjahr 2008 um 3,5 Prozent höher als ein Jahr zuvor.Die Zahl der **Beschäftigten** ging leicht zurück; sie sank um 0,3 Prozent auf durchschnittlich 439 000 Mitarbeiter.Die **Chemieexporte** dazu gehören neben den Auslandsumsätzen der Chemieunternehmen auch der Verkauf von chemischen Produkten durch andere Branchen sowie Re-Exporte stiegen im ersten Halbjahr 2008 um 11,5 Prozent auf 70,5 Milliarden Euro. Damit gehen vom Exportgeschäft weiterhin wichtige Impulse für die Chemiekonjunktur aus.Die **Importe** konnten ebenfalls gesteigert werden, wenn auch weniger deutlich als im Vorjahr. Mit einem Wert von 47,8 Milliarden Euro lagen sie zur Jahresmitte um 6,0 Prozent über dem Vorjahresniveau.

Die deutschen Chemieunternehmen zur Halbzeit 2008

Das konjunkturelle Klima in Deutschland wird rauer.

Wie behaupten sich die deutschen Chemieunternehmen zur Jahresmitte?

BASF kündigt Übernahme des Schweizer Chemieunternehmens Ciba an

Die Konsolidierung der Chemiebranche setzt sich fort. Der deutsche Weltmarktführer BASF hat die Übernahme des angeschlagenen Schweizer Spezialchemieanbieters Ciba angekündigt. Branchenexperten bewerten die Übernahme als Glücksfall für Ciba. Aus BASF-Perspektive ist Ciba als Restrukturierungsfall zu betrachten, bei dem ein Arbeitsplatzabbau unvermeidlich ist. Allerdings können Synergien aus den Ciba-Geschäftsfeldern Papierchemie oder Kunststoffadditive oder Lacke resultieren.
Zwar versuchen einzelne Großaktionäre derzeit, den Preis nach oben zu treiben, doch die Erfolgsaussichten werden als gering eingeschätzt. Voraussichtlich dürfte es bei dem BASF-Angebot bleiben: BASF bewertet Ciba mit rund 3,8 Milliarden Euro, einschließlich der zu übernehmenden Schulden und liegt damit um rund 60 Prozent über dem Durchschnittskurs von Ciba in den letzten 30 Tagen vor Bekanntgabe des Angebots. (2)

Das erste Halbjahr 2008 verlief für BASF noch prächtig, die ausgewiesenen Zahlen waren glänzend. Trotz steigender Rohstoffkosten, negativer Währungseffekte und der US-Flaute konnte der Halbjahresgewinn um 15 Prozent gesteigert werden. Dabei liefen vor allem das Öl- und Gasgeschäft sowie die Agrochemie, also das Geschäft mit den Pflanzenschutzmitteln, sehr gut. Auch die Vitaminsparte entwickelte sich gut. Im Kunststoffgeschäft hingegen konnte auch BASF die hohe Steigerung der Rohstoffkosten nicht komplett an die Kunden durchreichen. Ertragsrückgänge verzeichneten auch die Petrochemikalien sowie die zugekauften Bereiche Katalysatoren (Engelhard) und Bauchemie (Degussa). Die beiden litten unter der amerikanischen Immobilienkrise und der international rückläufigen Nachfrage in der Automobilindustrie. Für das zweite Halbjahr 2008 rechnet daher BASF-Chef Jürgen Hambrecht mit einem schwieriger werdenden Geschäft. (3), (4)

Bayer investiert in Pflanzenschutz

Bayer zeigte sich ebenfalls zufrieden mit dem Geschäftsverlauf der ersten sechs Monate. Der Umsatz stieg um drei Prozent (bereinigt: 8,2) auf rund

17 Milliarden Euro. Für das Gesamtjahr 2008 erhöhte der Konzern sogar seine Umsatzprognose. So soll der Konzernumsatz währungs- und portfoliobereinigt um mehr als 5 Prozent zulegen.

Dabei profitiert die wie bei BASF Pflanzenschutzsparte des Konzerns (Bayer Crop Science) von der starken Nachfrage auf den Weltagrarmärkten. Rund 3,4 Milliarden Euro will Bayer in die Entwicklung innovativer Pflanzenschutzmittel investieren. Zusammen mit dem Schweizer Anbieter Syngenta führt Bayer den Weltmarkt für Agrarchemie an. Auch die Gesundheitssparte (Bayer Health Care), der größte Geschäftsbereich, ist weiterhin gut unterwegs. Nur das Kunststoffgeschäft (Bayer Material Science) wird voraussichtlich wegen der nachlassenden Wirtschaftsdynamik und der belastenden Rohstoff- und Energiekosten ein geringeres Ergebnis als im Vorjahr erwirtschaften. (5), (6)

Merck mit Margenrückgang im Flüssigkristallgeschäft

Das börsennotierte Darmstädter Familienunternehmen Merck KGaA bekommt die derzeit schwächere Nachfrage nach LCD-

Flachbildschirmen zu spüren. Das eigentlich hochprofitable Liquid-Crystal-Geschäft verzeichnet seit einigen Monaten einen Margenrückgang. Skeptiker fürchten bereits, dass Merck seine Weltmarktführerschaft in diesem Bereich verlieren könnte. Verhängnisvoll erscheint, dass in Deutschland produziert und in Asien in Billigwährungen abgerechnet wird.
Doch noch hält der Pharma- und Chemiekonzern seine Jahresprognosen für den Umsatz und den Gewinn aufrecht. Die Sparte Flüssigkristalle lieferte im ersten Halbjahr 2008 mit 680 Millionen Euro rund ein Drittel des operativen Gewinns von Merck. Sie ist außerdem mit einer operativen Rendite von zuletzt 45 Prozent der rentabelste Teilbereich des Konzerns. Für das Gesamtjahr stellte Merck zuletzt ein Umsatzwachstum von fünf bis zehn Prozent in der Sparte und eine operative Rendite zwischen 47 und 52 Prozent in Aussicht. (7), (8)

Lanxess mit Rekordquartal

Lanxess wies im zweiten Quartal das beste Ergebnis seiner Unternehmensgeschichte seit der Abspaltung von Bayer aus. Am besten lief, mit einem Plus von rund 37 Prozent, das Geschäft mit synthetischem Kautschuk der Sparte Performance Polymers. Auf

Halbjahresbasis verbesserte das Unternehmen sein operatives Ergebnis um 3 Prozent auf 443 Millionen Euro. Der Umsatz blieb mit 3,3 Milliarden Euro leicht unter Vorjahresniveau. Für das Gesamtjahr plant Lanxess weiterhin mit einem Umsatzplus und einem operativen Ergebnis von mehr als 700 Millionen Euro. Der Firmensitz wird jetzt nach Köln verlegt. (9)

Linde übertrifft Erwartungen und spürt keine Konjunkturkrise

Der Industriegase-Konzern Linde hat mit seinen Halbjahreszahlen die Umsatz- und Gewinnerwartungen übertroffen. Zwar litten die Zahlen unter dem starken Euro, doch der Konzern bestätigte im Halbjahresbericht seinen Ausblick für das laufende Jahr und auch die mittelfristigen Ziele. Aufgrund seines Geschäftsmodells mit breit gefächerter Kundenstruktur ist Linde konjunkturstabil aufgestellt. Das Industriegasegeschäft und der Anlagenbau laufen gut.
Der Konzern-Umsatz ist im ersten Halbjahr insgesamt um 6,3 Prozent auf 6,3 Milliarden Euro gestiegen. Das operative Ergebnis verbesserte sich um 8,6 Prozent auf 1,3 Milliarden Euro. (10)

Altana setzt Umsatzprognose leicht herab

Beim Spezialchemiekonzern Altana verlangsamt sich das Wachstum und die Umsatzprognose wurde deshalb vorsichtshalber reduziert. Für das erste Halbjahr hatte Altana einen Umsatz von 189,9 Millionen Euro und ein Ebitda in Höhe von 44,3 Millionen Euro ausgewiesen. Mit dem Kauf des Effektpigment-Geschäfts der amerikanischen United States Bronze Powders (USBP) verstärkt das Unternehmen jetzt seine zweitgrößte Sparte Eckart Effect Pigments. (7)

Fazit

Die deutschen Chemieunternehmen zeigten sich mit den Umsatz- und Gewinnergebnissen für das erste Halbjahr 2008 durchwegs zufrieden. Für den weiteren Verlauf des Jahres weisen jedoch die meisten auf die mögliche Eintrübung der Konjunktur hin, die sich durchaus auch auf ihr Chemiegeschäft auswirken werde.

Fallbeispiele

An der Spitze der globalen Chemieindustrie folgt eine Großtransaktion auf die andere. Der Branchenzweite, die amerikanische **Dow Chemical**, hatte vor zwei Monaten den Kauf des amerikanischen Spezialchemieherstellers **Rohm & Haas** bekanntgegeben. Das ist die größte Akquisition seiner bisherigen Firmengeschichte. Dow zahlt für Rohm & Haas 15,3 Milliarden Dollar in bar. An der Finanzierung der Transaktion sind der Investor Warren Buffett und ein staatlicher Investmentfonds aus Kuweit beteiligt. Mit der Übernahme will Dow Chemical Kostenersparnisse von 800 Millionen Dollar realisieren. Rohm & Haas ist auf Chemikalien spezialisiert, die in Baumaterialen, elektronischen Geräten und Körperpflegeprodukten verwendet werden. Im vergangenen Jahr hat Rohm & Haas einen Umsatz von 8,9 Milliarden Dollar und einen Nettogewinn von 661 Millionen Dollar ausgewiesen. Dow Chemical kam auf einen Umsatz von 53,5 Milliarden Dollar und einen Nettogewinn von 2,9 Milliarden Dollar. Gemessen am Umsatz, wird Dow Chemical auch nach der Übernahme von Rohm & Haas noch hinter dem deutschen Chemiekonzern BASF liegen, der es im vergangenen Jahr auf 58,0 Milliarden Euro brachte.

Zahlen & Fakten

Die deutsche Chemiebranche zur Halbzeit des Jahres 2008:

- Umsatz: 88,9 Milliarden Euro (+5,5%)

- Inlandsumsatz: 38,7 Milliarden Euro (+5%)

- Auslandsumsatz: 50,2 Milliarden Euro (+6%)

- Umsatzwachstum 2008 (Prognose VCI): +5,5 Prozent

- Produktionswachstum 2008 (Prognose VCI): +2,5 Prozent

- Exporte: 70,5 Milliarden Euro (+11,5%)

- Importe: 47,8 Milliarden Euro (+6,0%)

- Beschäftigung: 439 000 Mitarbeiter (-0,3%)

Weiterführende Literatur

(1) O.V., Verband der Chemischen Industrie e.V. (VCI), Chemie wuchs im ersten Halbjahr um 3 Prozent, Presseinformation, 3. Juli 2008

aus Saarbrücker Zeitung vom 29.07.2008

(2) Ciba-Aktionäre pokern gegen BASF
aus Handelsblatt Nr. 181 vom 17.09.08 Seite 19

(3) Die großen Chemiekonzerne können bislang noch Kurs halten
aus Handelsblatt Nr. 149 vom 04.08.08 Seite 12

(4) Die BASF stellt sich auf schwere Zeiten ein
aus Frankfurter Allgemeine Zeitung, 01.08.2008, Nr. 178, S. 16

(5) Bayer profitiert von den starken Agrarmärkten
aus Frankfurter Allgemeine Zeitung, 31.07.2008, Nr. 177, S. 14

(6) Bayer investiert Milliarden in Pflanzenschutz
aus Frankfurter Allgemeine Zeitung, 05.09.2008, Nr. 208, S. 16

(7) Keine Einbrüche in Sicht
aus Frankfurter Allgemeine Zeitung, 13.08.2008, Nr. 188, S. 14

(8) Merck-Investoren fürchten schwächeres LCD-Geschäft
aus Handelsblatt Nr. 159 vom 18.08.08 Seite 11

(9) Lanxess zieht es von Leverkusen nach Köln
aus Frankfurter Allgemeine Zeitung, 14.08.2008, Nr. 189, S. 14

(10) Linde spürt keine Konjunkturkrise

aus Handelsblatt Nr. 149 vom 04.08.08 Seite 17

Impressum

Chemiegeschäfte im ersten Halbjahr 2008 - Konjunkturflaute und große Branchendeals

Bibliografische Information der deutschen Nationalbibliothek

Die Deutsche Nationalbibliothek verzeichnet diese Publikation in der deutschen Nationalbibliografie; detaillierte bibliografische Daten sind im Internet über http://dnb.d-nb.de abrufbar.

ISBN: 978-3-7379-2247-0

© 2015 GBI-Genios Deutsche Wirtschaftsdatenbank GmbH, Freischützstraße 96, 81927 München, www.genios.de

Alle Rechte vorbehalten. Dieses Werk ist einschließlich aller seiner Teile – z.B. Texte, Tabellen und Grafiken - urheberrechtlich geschützt. Jede Verwertung außerhalb der Grenzen des Urheberrechtsgesetzes bedarf der vorherigen Zustimmung des Verlags. Dies gilt insbesondere auch für auszugsweise Nachdrucke, fotomechanische

Vervielfältigungen (Fotokopie/Mikroskopie), Übersetzungen, Auswertungen durch Datenbanken oder ähnliche Einrichtungen und die Einspeicherung und Verarbeitung in elektronischen Systemen.